AF222071

Impressum
Verlag: BABADADA GmbH, Nedderfeld 112 , 22529 Hamburg
Geschäftsführer / Verlagsleitung: Harald Hof
Druck: Books on Demand GmbH, In de Tarpen 42, 22848 Norderstedt

Imprint
Publisher: BABADADA GmbH, Nedderfeld 112 , 22529 Hamburg, Germany
Managing Director / Publishing direction: Harald Hof
Print: Books on Demand GmbH, In de Tarpen 42, 22848 Norderstedt, Germany

1

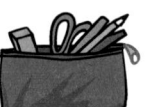

škola

škola

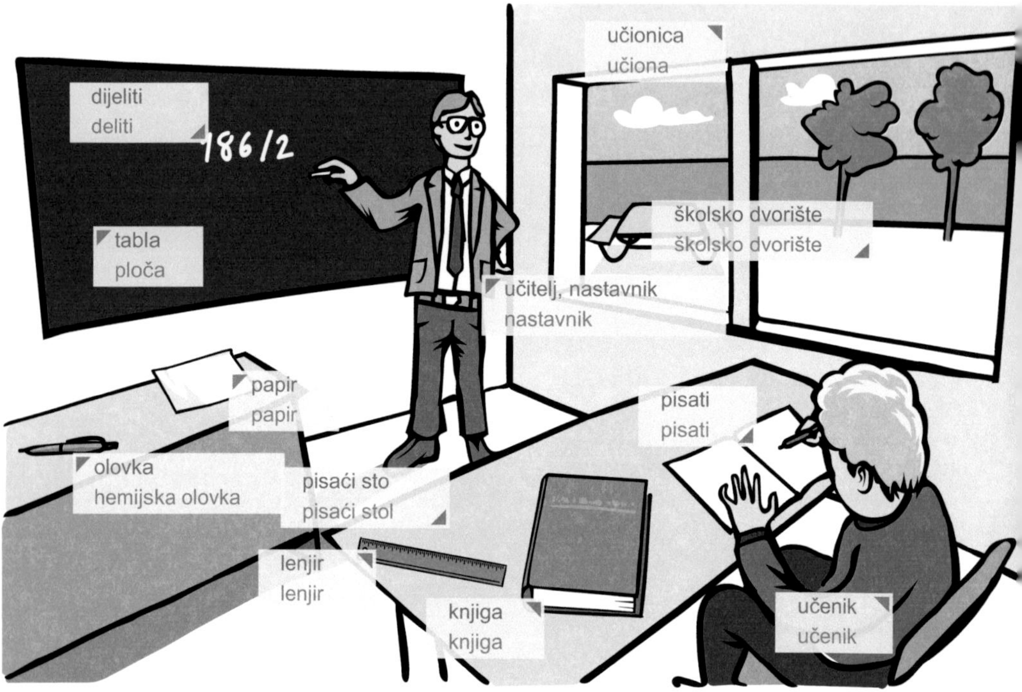

učionica
učiona
dijeliti
deliti
186/2
tabla
ploča
školsko dvorište
školsko dvorište
učitelj, nastavnik
nastavnik
papir
papir
pisati
pisati
olovka
hemijska olovka
pisaći sto
pisaći stol
lenjir
lenjir
knjiga
knjiga
učenik
učenik

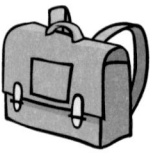

torba

torba

pernica

pernica

drvena olovka

grafitna olovka

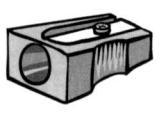

šiljalo za olovke

šiljilo za olovke

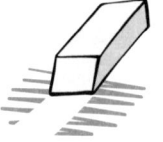

gumica

gumica za brisanje

blok za crtanje

blok za crtanje

crtež

crtež

kist

kist

kutija s bojama

kutija sa bojama

makaze

makaze

ljepilo

lepilo

vježbanka

beležnica

domaća zadaća

domaći zadatak

broj

broj

2+2

sabirati

sabirati

5-2

oduzimati

oduzimati

množiti

množiti

računati

računati

slovo

slovo

abeceda

abeceda

riječ

reč

tekst

tekst

čitati

čitati

kreda

kreda

sat

čas

školski dnevnik

dnevnik

ispit

ispit

svjedočanstvo

svedočanstvo

školska uniforma

školska uniforma

izobrazba

obrazovanje

leksikon

leksikon

univerzitet

univerzitet

mikroskop

mikroskop

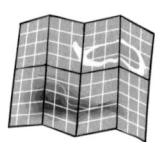

karta

karta

korpa za papir

košara za papir

4

škola - škola

putovanje
putovanje

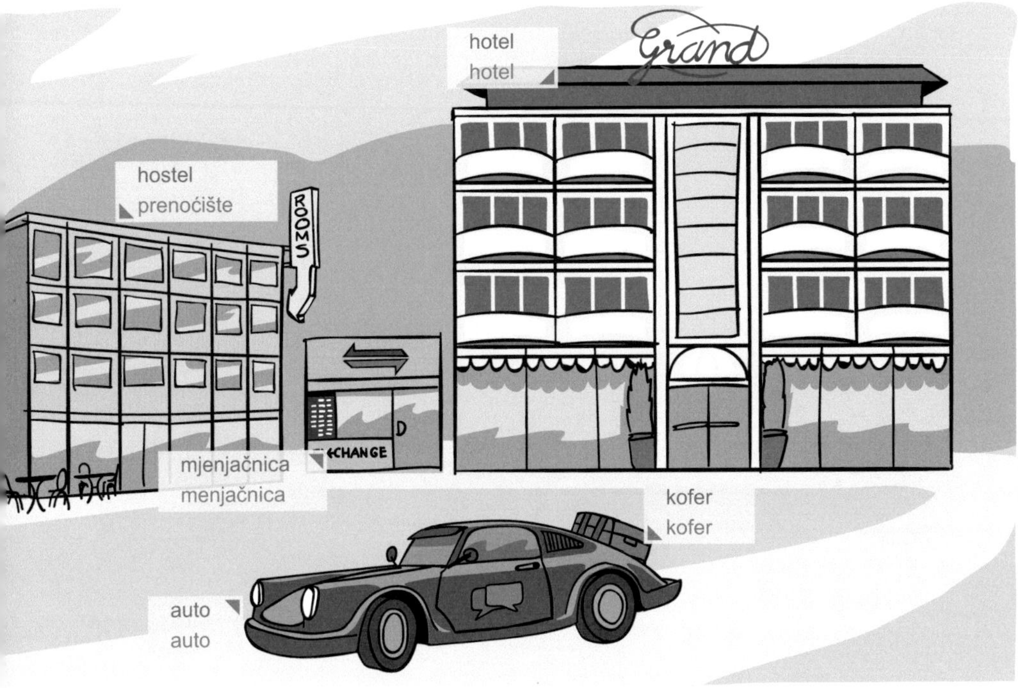
hotel
hotel
Grand
hostel
prenoćište
ROOMS
EXCHANGE
mjenjačnica
menjačnica
kofer
kofer
auto
auto

jezik

jezik

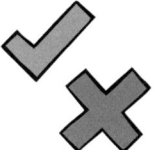

da / ne

da / ne

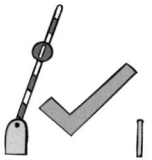

okej

okej

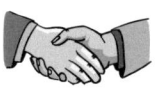

zdravo

zdravo

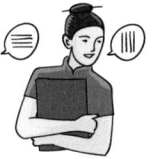

tumač

prevodilac

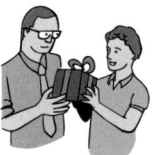

hvala

hvala

Koliko košta...?

Koliko košta...?

Ne razumijem

ne razumem

problem

problem

dobro veče!

dobro veče!

Dobro jutro!

Dobro jutro!

Laku noć!

Laku noć!

doviđenja

doviđenja

smjer

smer

prtljag

prtljaga

torba

torba

ruksak

ruksak

gost

gost

soba

soba

vreća za spavanje

vreća za spavanje

šator

šator

turističke informacije

turističke informacije

plaža

plaža

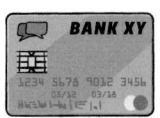

kreditna kartica

kreditna kartica

doručak

doručak

ručak

ručak

večera

večera

putna karta

karta za vožnju

lift

lift

poštanska markica

poštanska markica

granica

granica

carina

carina

ambasada

ambasada

viza

viza

pasoš

pasoš

transport
transport

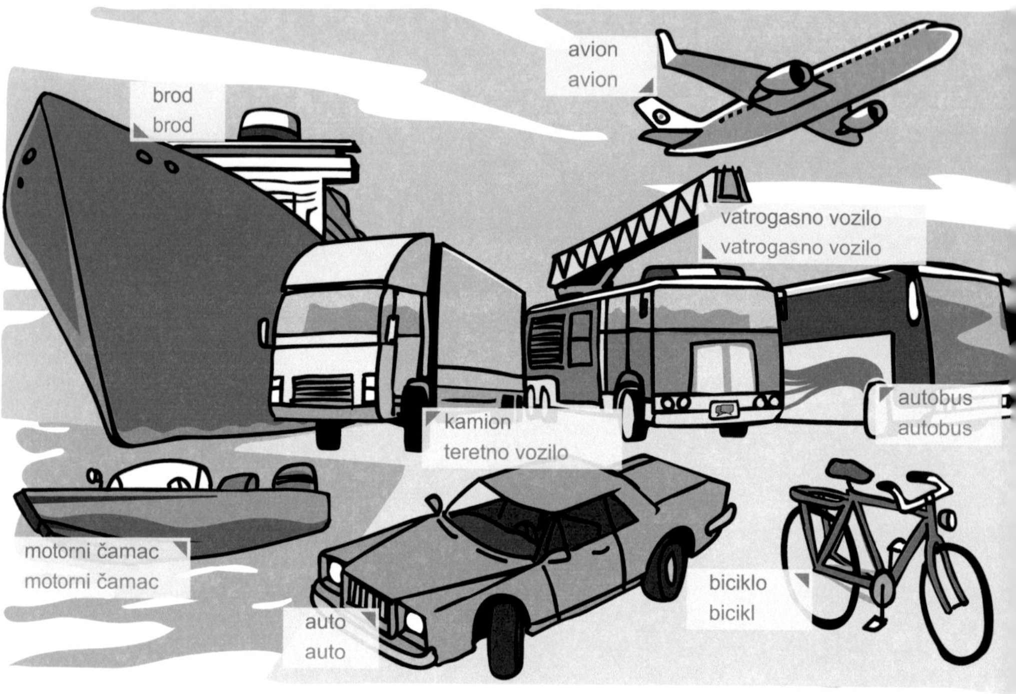
avion
avion
brod
brod
vatrogasno vozilo
vatrogasno vozilo
autobus
autobus
kamion
teretno vozilo
motorni čamac
motorni čamac
biciklo
bicikl
auto
auto

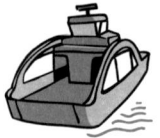

trajekt

trajekt

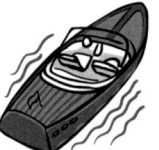

brod

čamac

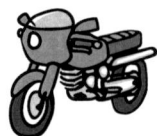

motocikl

motocikl

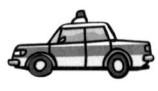

policijski automobil

policijski auto

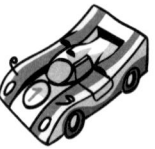

trkaći automobil

trkaći auto

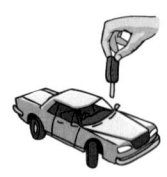

unajmljeni automobil

iznajmljeno auto

kar-šering

delenje automobila

pauk

vučno vozilo

smećarsko vozilo

vozilo za odvoz smeća

motor

motor

gorivo

benzin

benzinska pumpa

benzinska stanica

saobraćajni znak

saobraćajni znak

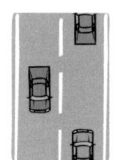

saobraćaj

saobraćaj

zastoj

zastoj

parking

parkiralište

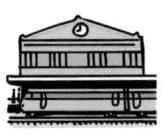

željeznička stanica

železnička stanica

šine

šine

voz

voz

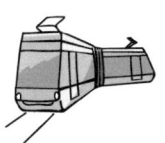

tramvaj

tramvaj

vagon

vagon

helikopter

helikopter

aerodrom

aerodrom

toranj

kula

putnik

putnik

kontejner

kontejner

karton

karton

tačke

kolica

korpa

korpa

poletjeti / sletjeti

uzleteti / sleteti

grad

grad

selo

selo

centar grada

centar grada

kuća

kuća

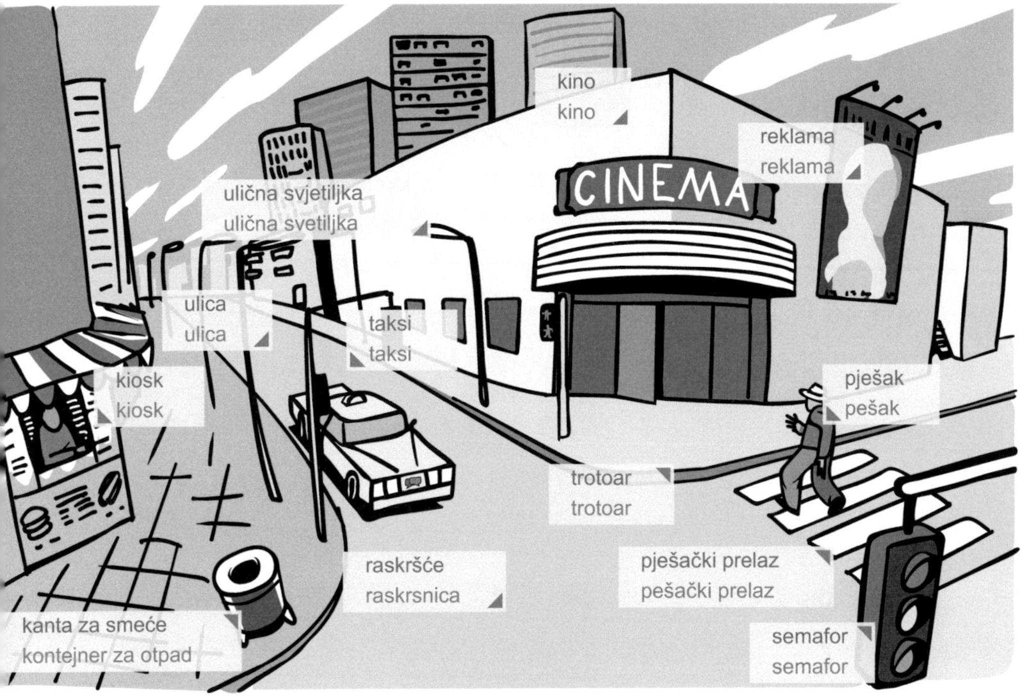

kino
kino

reklama
reklama

ulična svjetiljka
ulična svetiljka

CINEMA

ulica
ulica

taksi
taksi

kiosk
kiosk

pješak
pešak

trotoar
trotoar

raskršće
raskrsnica

pješački prelaz
pešački prelaz

kanta za smeće
kontejner za otpad

semafor
semafor

koliba
koliba

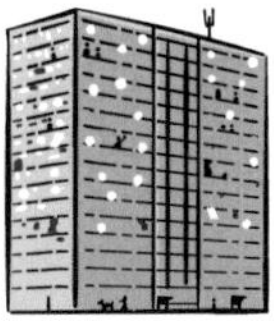

stan
stan

željeznička stanica
železnička stanica

vjećnica
većnica

muzej
muzej

škola
škola

grad - grad

11

univerzitet

univerzitet

banka

banka

bolnica

bolnica

hotel

hotel

apoteka

apoteka

ured

kancelarija

knjižara

knjižara

radnja

prodavnica

cvjećara

cvećara

supermarket

supermarket

pijaca

trg

robna kuća

robna kuća

prodavač ribe

ribarnica

trgovački centar

trgovački centar

luka

luka

park

park

klupa

klupa

most

most

stepenice

stepenice

podzemna željeznica

podzemna železnica

tunel

tunel

autobuska stanica

autobuska stanica

bar

bar

restoran

restoran

poštanski sandučić

poštansko sanduče

saobraćajni znak

ulični znak

sat za naplatu parkinga

parkirni automat

zološki vrt

zoološki vrt

bazen

bazen

džamija

džamija

seosko imanje

seosko gazdinstvo

zagađenje okoline

zagađenje okoline

groblje

groblje

crkva

crkva

igralište

igralište

hram

hram

krajolik

pejsaž

list
list

putokaz
putokaz

putokaz
put

livada
livada

kamen
kamen

putnik
šetač

drvo
drvo

rijeka
reka

trava
trava

cvijet
cvijet

dolina

dolina

brdo

planina

jezero

jezero

šuma

šuma

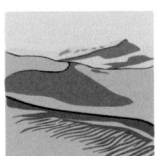

pustinja

pustinja

vulkan

vulkan

dvorac

dvorac

duga

duga

gljiva

gljiva

palma

palma

komarac

moskito

muha

muva

mrav

mrav

pčela

pčela

pauk

pauk

buba

buba

žaba

žaba

vjeverica

veverica

jež

jež

zec

zec

sova

sova

ptica

ptica

labud

labud

divlja svinja

divlja svinja

jelen

jelen

los

los

brana

nasip

vjetrenjača

vetrenjača

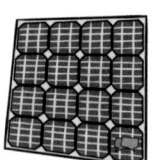

solarni modul

solarna ploča

klima

klima

krajolik - pejsaž

restoran
restoran

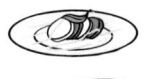

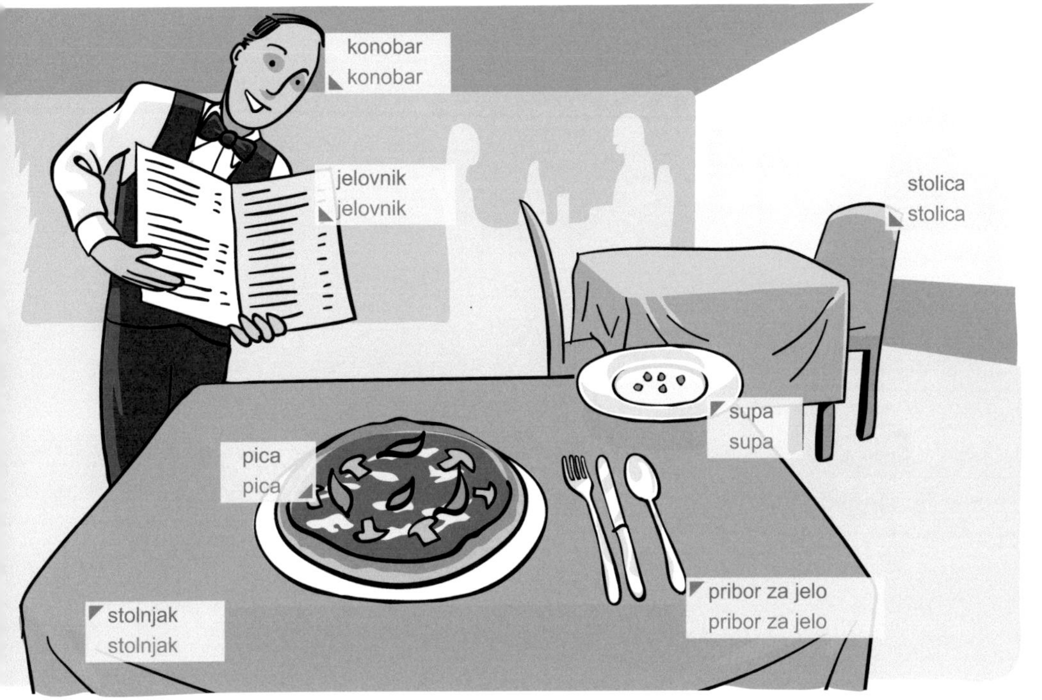
konobar
konobar
jelovnik
jelovnik
stolica
stolica
supa
supa
pica
pica
pribor za jelo
pribor za jelo
stolnjak
stolnjak

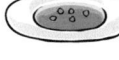

predjelo

predjelo

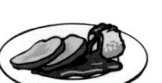

glavno jelo

glavno jelo

desert

desert

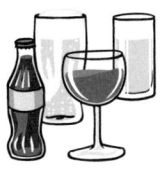

piće

napitci

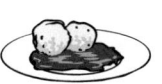

jelo

jelo

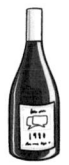

flaša

flaša

brza hrana

brza hrana

jelo sa ulice

imbis hrana

čajnik

čajnik

šećernica

doza za šećer

porcija

porcija

mašina za espreso

aparat za espresso

barska stolica

visoka stolica

račun

račun

tacna

poslužavnik

nož

nož

viljuška

viljuška

kašika

kašika

kašičica

čajna kašika

salveta

salveta

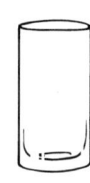

čaša

čaša

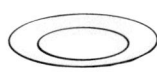

tanjir

tanjir

tanjir za supu

tanjir za supu

tanjurić

tanjirić

sos

sos

solanik

soljenka

mlin za biber

mlin za biber

sirće

sirće

ulje

ulje

začini

začini

kečap

kečap

senf

senf

majoneza

majoneza

supermarket
supermarket

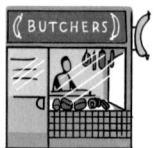

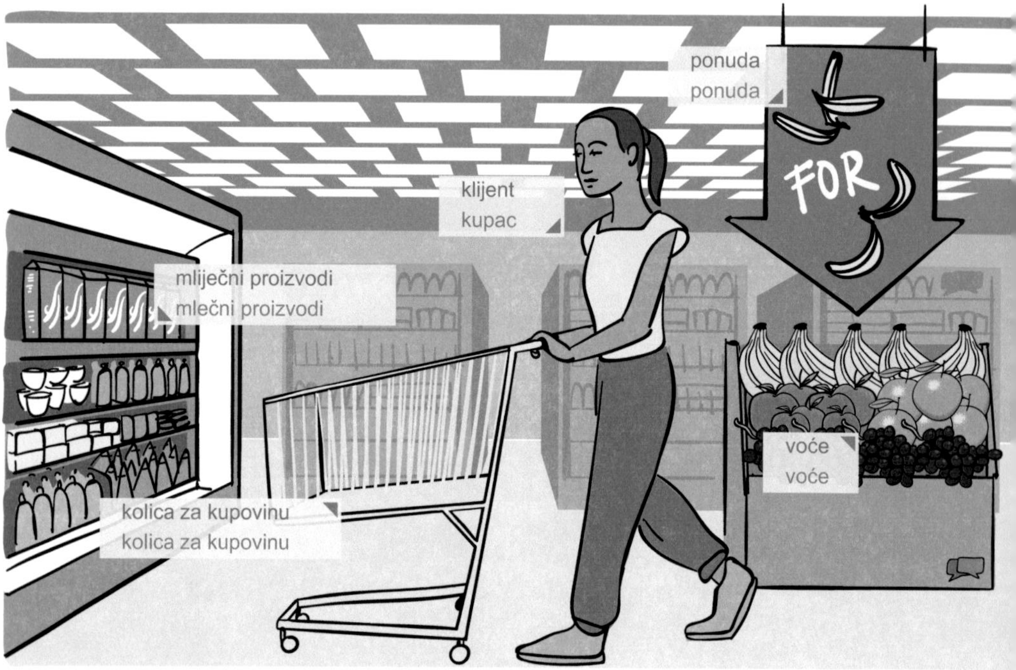
ponuda
ponuda
FOR
klijent
kupac
mliječni proizvodi
mlečni proizvodi
voće
voće
kolica za kupovinu
kolica za kupovinu

BUTCHERS

mesnica- klaonica

mesnica

BAKERY

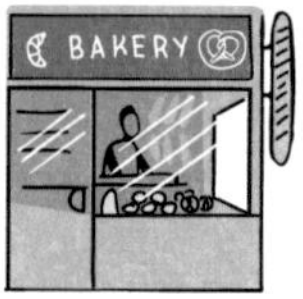

pekara

pekara

vagati

vagati

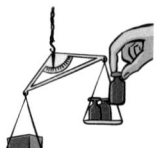

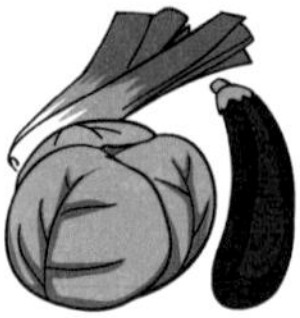

povrće

povrće

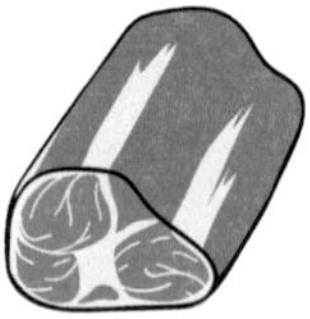

meso

meso

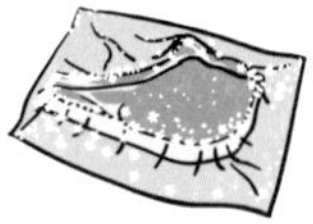

zaleđena hrana

smrznuta hrana

narezak

narezak

konzerve

konzerve

prašak za veš

sredstvo za pranje

slatkiši

slatkiši

kućanski proizvodi

artikli za domaćinstvo

sredstvo za čišćenje

sredstva za čišćenje

prodavačica

prodavačica

kasa

blagajna

blagajnik

blagajnik

lista za kupovinu

lista za kupovinu

radno vrijeme

vreme rada

novčanik

novčanik

kreditna kartica

kreditna kartica

torba

torba

najlonska vrećica

plastična kesa

piće
napitci

voda

voda

sok

sok

mlijeko

mleko

kola

kola

vino

vino

pivo

pivo

alkohol

alkohol

kakao

kakao

čaj

čaj

kafa

kava

espreso

espresso

kapućino

cappuccino

banana

banana

jabuka

jabuka

narandža

narandža

lubenica

lubenica

limun

limun

mrkva

šargarepa

bijeli luk

beli luk

bambus

bambus

crveni luk

luk

gljiva

gljiva

orašasti plodovi

orašasti plodovi

pasta

rezanci

špagete

špagete

riža

riža

salata

salata

pomfrit

pomfrit

pečeni krompir

pečeni krumpir

pica

pica

hamburger

hamburger

sendvič

sendvič

šnicla

šnicla

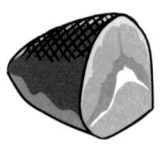

šunka

šunka

kobasica

salama

kobasica

kobasica

kokoš

kokoš

pečenje

pečenje

riba

riba

zobene pahuljice

zobene pahuljice

muzli

musli

kornfleks

kukuruzne pahuljice

brašno

brašno

kroason

kroasan

zemičke

pecivo

kruh

hleb

tost

toast

keksi

keksi

maslac

maslac

svježi sir

sveži sir

kolač

kolač

jaje

jaje

jaje na oko

jaje na oko

sir

sir

sladoled

sladoled

šećer

šećer

med

med

marmelada

marmelada

nugat krema

nugat krema

kuri

kari

seosko imanje
seosko gazdinstvo

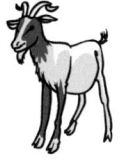

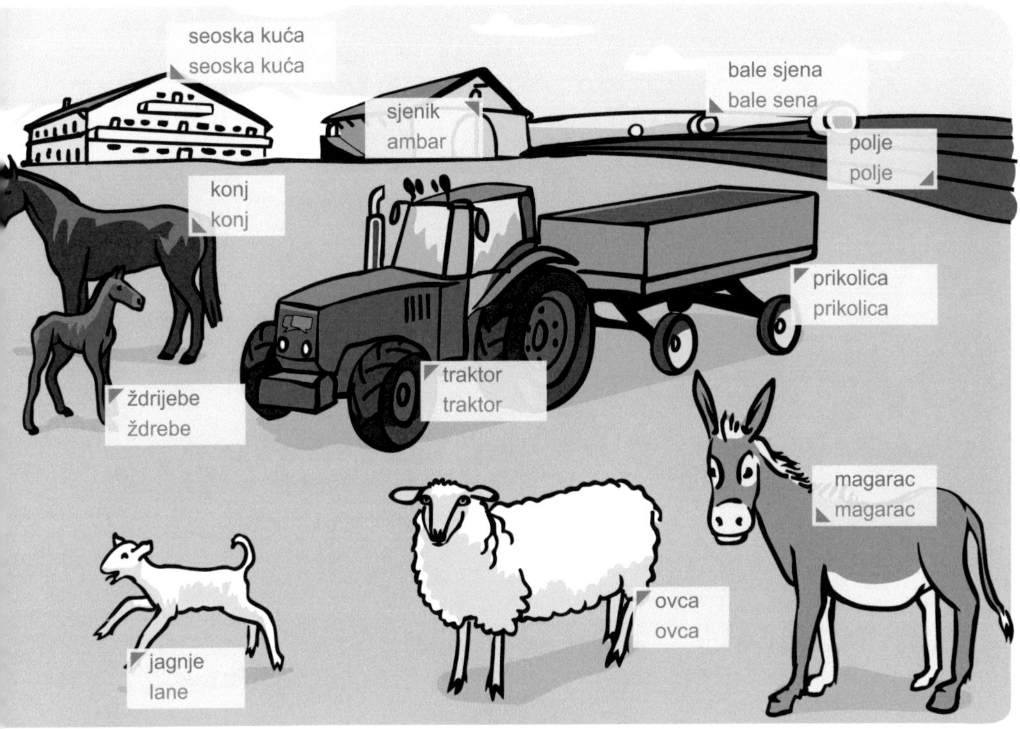
seoska kuća
seoska kuća
sjenik
ambar
bale sjena
bale sena
polje
polje
konj
konj
prikolica
prikolica
traktor
traktor
ždrijebe
ždrebe
magarac
magarac
ovca
ovca
jagnje
lane

koza

koza

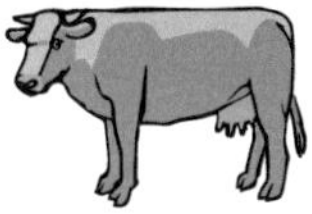

krava

krava

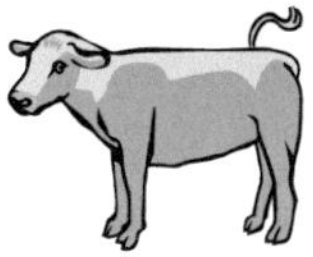

tele

tele

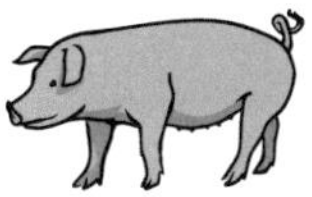

svinja

svinja

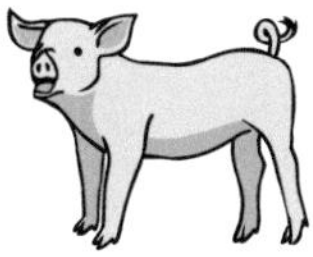

prase

prase

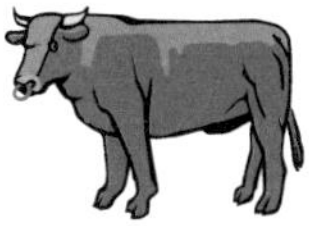

bik

bik

guska

guska

patka

patka

pile

pilići

kokoška

kokoš

pjetao

petao

pacov

pacov

mačka

mačka

miš

miš

vol

vol

pas

pas

pseća kućica

kućica za psa

crijevo za baštu

vrtno crevo

kanta za zalijevanje

kanta za polivanje

kosa

kosa

plug

plug

srp

srp

motika

motika

vile

viljuška za đubrivo

sjekira

sekira

tačke

tačke

korito

korito

bokal za mlijeko

posuda za mleko

vreća

vreća

ograda

ograda

štala

štala

staklenik

staklenik

tlo

zemlja

sjeme

seme

đubrivo

đubrivo

kombajn

kombajn

kositi

žeti

žetva

žetva

jam korijen

jams začin

pšenica

pšenica

soja

soja

krompir

krumpir

kukuruz

kukuruz

uljana repica

uljana repica

drvo voća

voćka

manioka

gomolj manioke

žito

žitarice

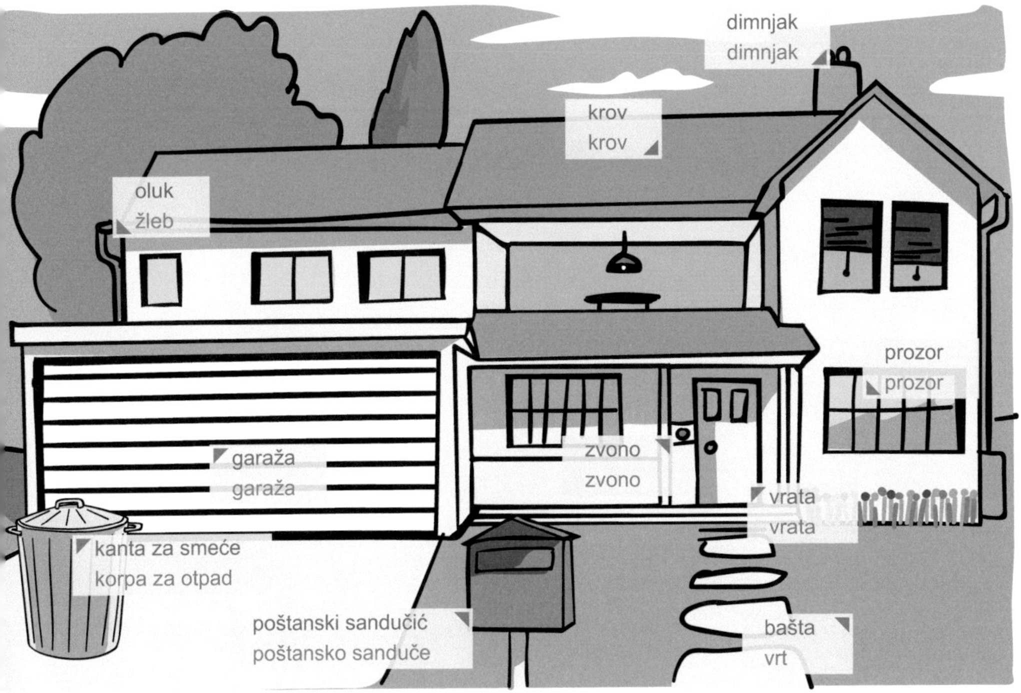

dimnjak
dimnjak

krov
krov

oluk
žleb

prozor
prozor

garaža
garaža

zvono
zvono

vrata
vrata

kanta za smeće
korpa za otpad

poštanski sandučić
poštansko sanduče

bašta
vrt

dnevni boravak
dnevna soba

kupatilo
kupaonica

kuhinja
kuhinja

spavaća soba
spavaća soba

dječija soba
dečija soba

trpezarija
trpezarija

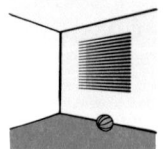

pod, tlo

pod

zid

zid

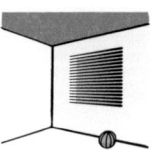

plafon

strop

podrum

podrum

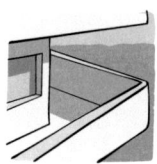

sauna

sauna

balkon

balkon

terasa

terasa

bazen

bazen

kosilica

kosilica za travu

posteljina

posteljina za krevet

pokrivač

deka za krevet

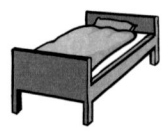

krevet

krevet

metla

metla

kanta

kanta

prekidač

prekidač

dnevni boravak
dnevna soba

tapeta
tapeta
fotografija
slika
lampa
svetiljka
polica
regal
ormar
ormar
televizija
televizija
dimnjak
kamin
cvijet
cvijet
jastuk
jastuk
kauč
kauč
vaza
vaza
daljinski upravljač
daljinski upravljač

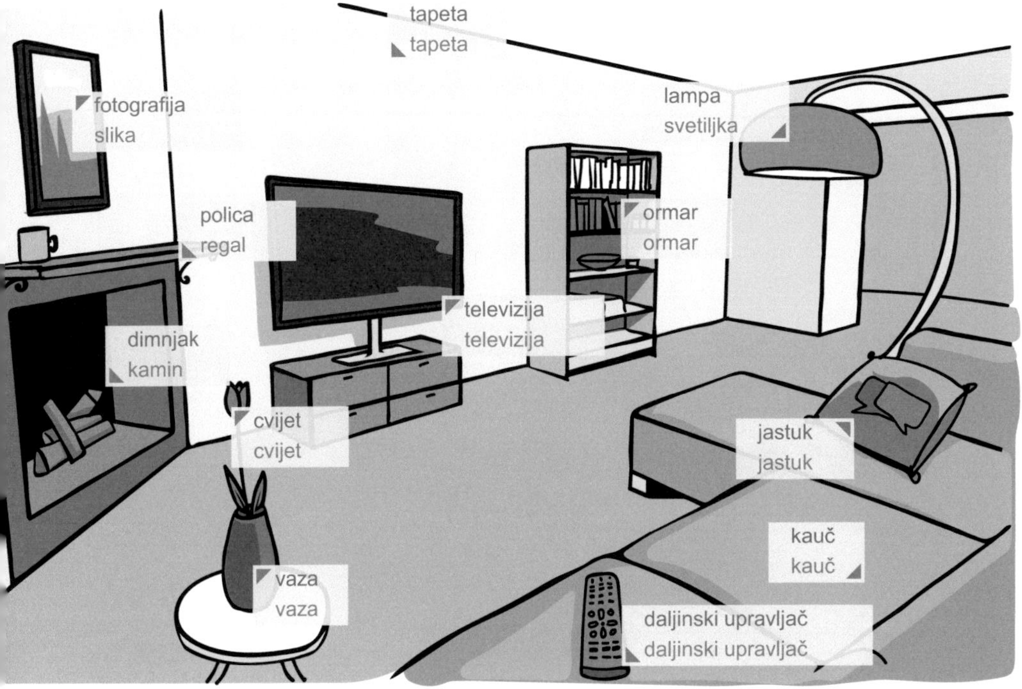

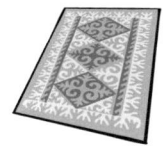

tepih
tepih

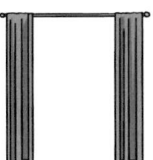

zavjesa
zavesa

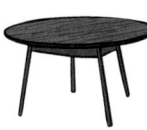

stol
sto

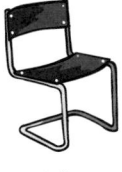

stolica
stolica

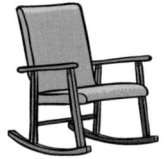

stolica za ljuljanje
stolica za njihanje

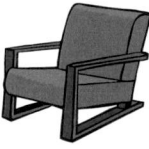

fotelja
fotelja

knjiga

knjiga

deka

deka

dekoracija

dekoracija

ložno drvo

drvo za ogrev

film

film

stereo uređaj

hi-fi uređaj

ključ

ključ

novine

novine

umjetnička slika

slika na platnu

poster

poster

radio

radio

blok za bilješke

blok za pisanje

usisavač

usisivač

kaktus

kaktus

svijeća

sveća

kuhinja
kuhinja

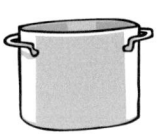

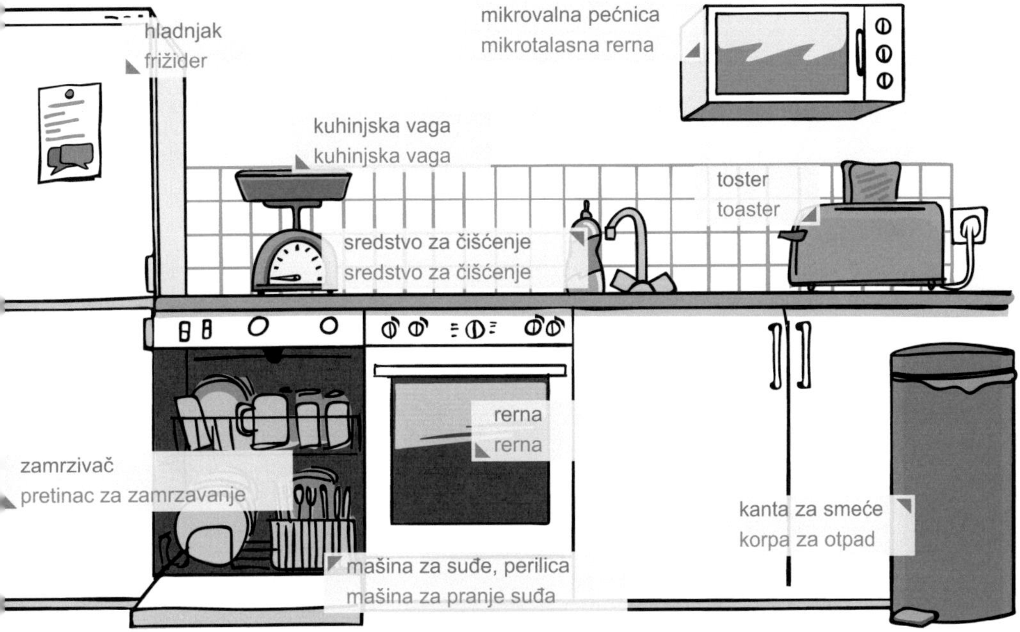
hladnjak
frižider
mikrovalna pećnica
mikrotalasna rerna
kuhinjska vaga
kuhinjska vaga
toster
toaster
sredstvo za čišćenje
sredstvo za čišćenje
rerna
rerna
zamrzivač
pretinac za zamrzavanje
kanta za smeće
korpa za otpad
mašina za suđe, perilica
mašina za pranje suđa

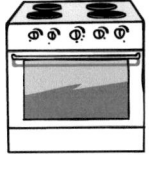

peć
šporet

lonac
lonac

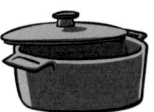

metalni lonac
gvozdeni lonac

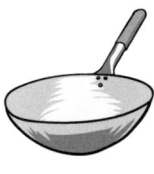

vok / kadai
wok / kadai

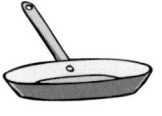

tava, tiganj
tava

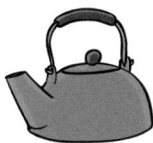

kuhalo
kuvalo za vodu

aparat za kuhanje na pari

kuvalo na paru

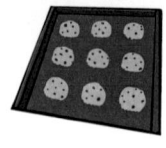

lim za pečenje

lim za pečenje

posuđe

posuđe

šalica

čaša

činija

posuda

kineski štapići

štapići za jelo

kutlača

kutlača

lopatica

lopatica

metlica za snijeg bjelanjca

penjača

sito za kuhanje

sito za kuvanje

sito

sito

ribež

ribež

avan s tučkom

mužar

roštilj

roštilj

ložište

ognjište

daska

daska

oklagija

oklagija

vadičep

vadičep

konzerva

konzerva

otvarač za konzerve

otvarač konzervi

krpe za lonac

krpa za lonac

sudoper

sudoper

četka

četka

spužva

sunđer

mikser

mikser

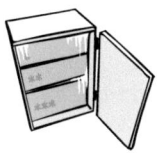

zamrzivač

zamrzivač

flašica za bebu

flašica za bebe

slavina

slavina za vodu

kupatilo
kupaonica

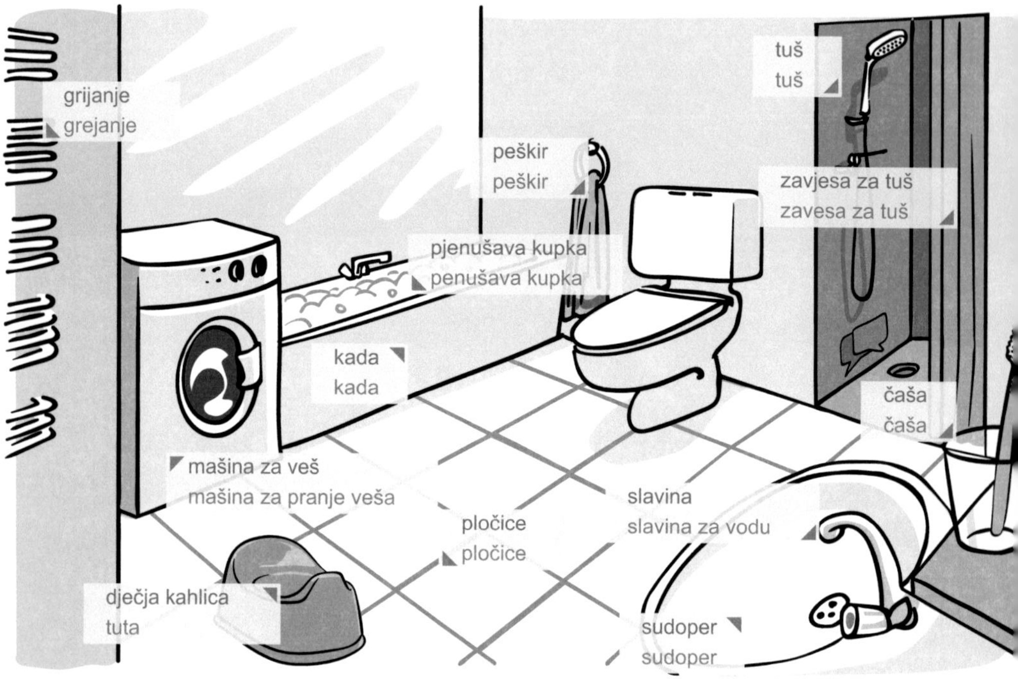

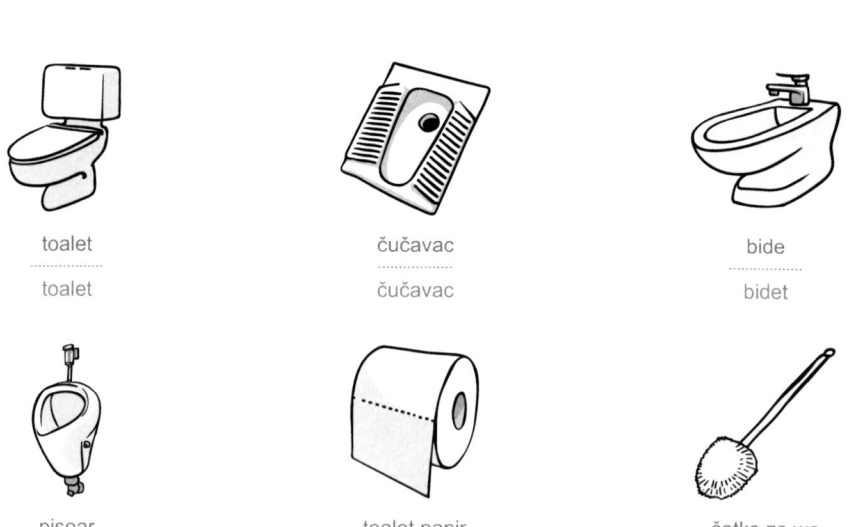

tuš
tuš

grijanje
grejanje

peškir
peškir

zavjesa za tuš
zavesa za tuš

pjenušava kupka
penušava kupka

kada
kada

čaša
čaša

mašina za veš
mašina za pranje veša

slavina
slavina za vodu

pločice
pločice

dječja kahlica
tuta

sudoper
sudoper

toalet	čučavac	bide
toalet	čučavac	bidet
pisoar	toalet papir	četka za wc
pisoar	toaletni papir	četka za toalet

četkica za zube

četkica za zube

pasta za zube

pasta za zube

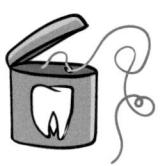

zubni konac

konac za zube

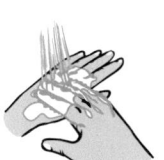

prati

prati

tuš

tuš ručica

intimni tuš

tuš za pranje intimnih delova

lavor

lavor

četka za leđa

četka za pranje leđa

sapun

sapun

gel za tuširanje

gel za tuširanje

šampon

šampon

krpe za pranje

krpa za pranje

odvod

odvod

krema

krema

dezodorans

dezodorans

ogledalo

ogledalo

ogledalo za šminkanje

kozmetičko ogledalo

brijač

brijač

pjena za brijanje

pena za brijanje

vodica poslije brijanja

losion za posle brijanja

češalj

češalj

četka

četka

fen

fen za kosu

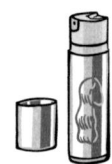

sprej za kosu

sprej za kosu

puder

makeup

karmin

ruž za usne

lak za nokte

lak za nokte

vata

vata

makazice za nokte

makaze za nokte

parfem

parfem

kozmetička torbica

kozmetička torbica

hoklica

stolica

vaga

vaga

kupaći ogrtač

ogrtač

rukavice za čišćenje

rukavice za čišćenje

tampon

tampon

uložak za dame

uložak

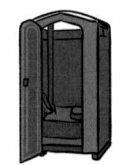

hemijski toalet

hemijski toalet

dječija soba
dečija soba

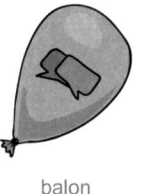

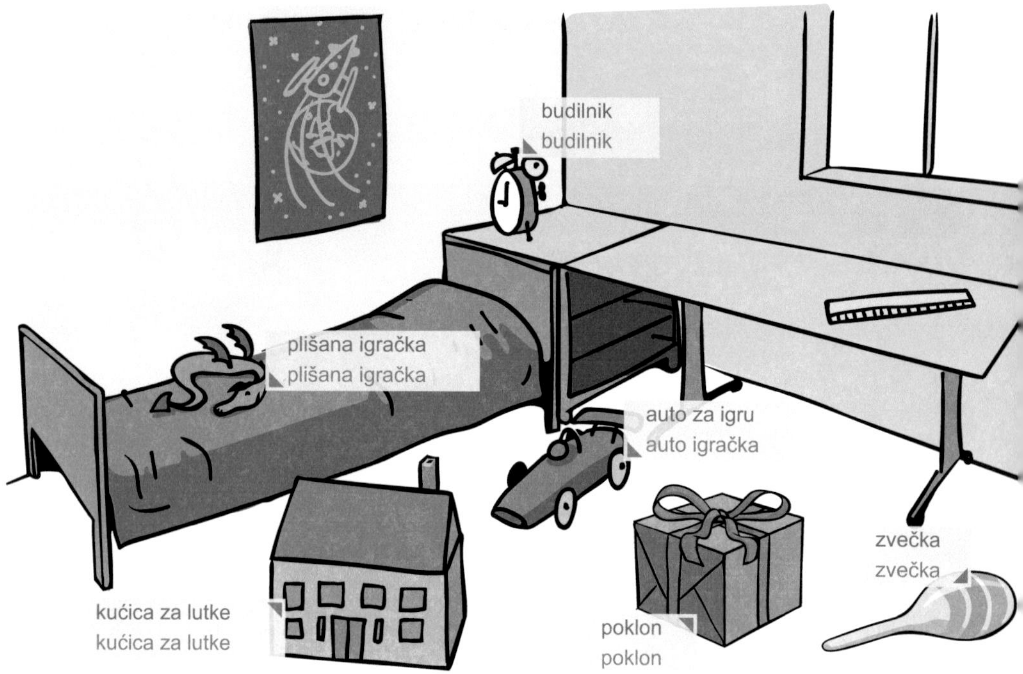
budilnik
budilnik
plišana igračka
plišana igračka
auto za igru
auto igračka
zvečka
zvečka
kućica za lutke
kućica za lutke
poklon
poklon

balon
balon

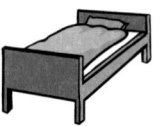

krevet
krevet

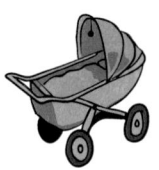

kolica za djecu
dječija kolica

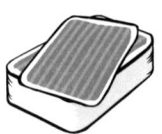

karte za igranje
igra s kartama

puzle
slagalica

SUPER MEGA

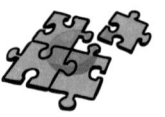

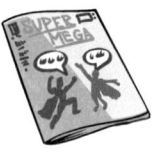

strip
strip

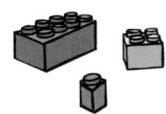

lego kockice

lego kockice

kockice za gradnju

kockice za slaganje

akcione figure

akcioni junak

benkica

benkica za bebe

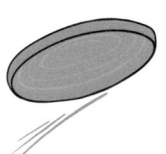

frizbi

frizbi

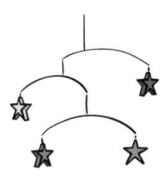

mobile

viseće igračke

igra na ploči

društvene igre

kocka

kocka

miniatura željeznice

minijaturna željeznica

cucla

duda

zabava

zabava

slikovnica

slikovnica

lopta

lopta

lutka

lutka

igrati

igrati

pješćanik

pješčanik

ljuljačka

ljuljačka

igračke

igračka

konzola za igru

konzola za igre

triciklo

tricikl

medvjedić

tedi

ormar

ormar

odjeća
odeća

kratke čarape

kratke čarape

čarape

čarape

hulahopke

hulahopke

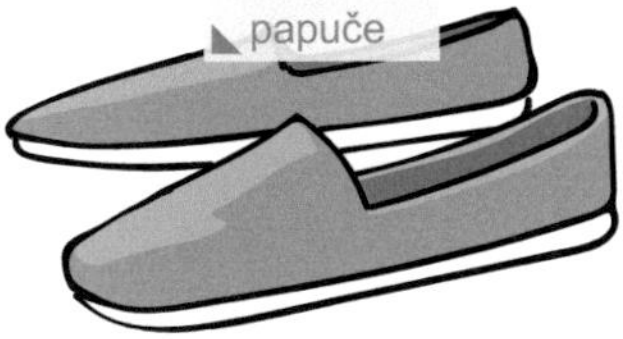

šal
šal

kišobran
kišobran

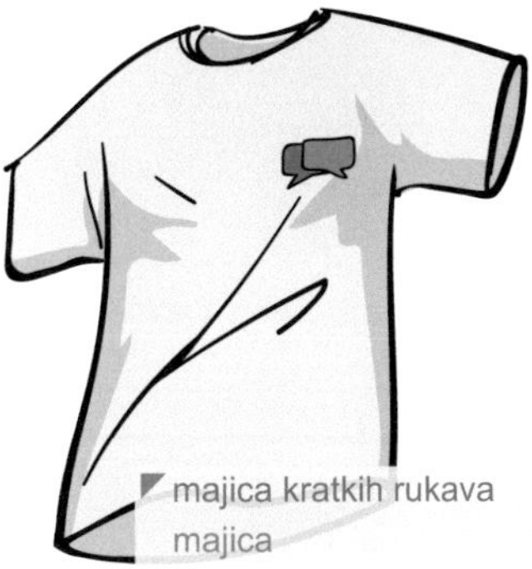

kaiš
kaiš

majica kratkih rukava
majica

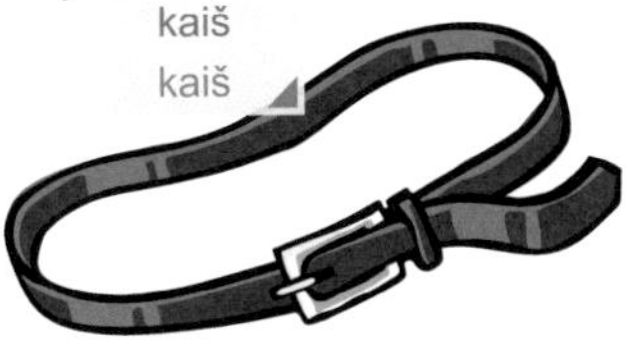

čizme
čizme

papuče
papuče

patike
patike

sandale
sandale

cipele
cipele

gumene čizme
gumene čizme

gaće
gaćice

grudnjak
grudnjak

potkošulja
potkošulja

bodi

bodi

hlače

pantalone

farmerke

farmerke

suknja

suknja

bluza

bluza

košulja

košulja

džemper

džemper

majica

džemper s kapuljačom

sako

sako

jakna

jakna

mantil

kaput

kišni mantil

kabanica

kostim

kostim

haljina

haljina

vjenčanica

venčanica

odijelo

odelo

spavaćica

spavaćica

pidžama

pidžama

sari

sari

marama

marama za glavu

turban

turban

burka

burka

kaftan

kaftan

abaja

abaja

kupaći kostim

kupaći kostim

kupaće gaće

kupaće gaćice

kratke hlače

kratke pantalone

trenerka

odeća za trening

pregača

kecelja

rukavice

rukavice

dugme

dugme

naočare

naočare

narukvica

narukvica

ogrlica

ogrlica

prsten

prsten

naušnica

naušnica

kapa

kapa

vješalica

vešalica

šešir

šešir

kravata

kravata

patentni zatvarač

patent zatvarač

kaciga

kaciga

tregeri za hlače

naramenice

školska uniforma

školska uniforma

uniforma

uniforma

podbradak

podbradak

cucla

duda

pelene

pelena

ured

kancelarija

šolja za kafu

šalica za kavu

kalkulator

kalkulator

internet

internet

server
server

ormar za kartoteku
ormar za spise

štampač
štampač

papir
papir

monitor
monitor

pisaći sto
pisaći stol

miš
miš

registrator
mapa

tastatura
tastatura

korpa za papir
košara za papir

stolica
stolica

kompjuter
kompjuter

laptop

laptop

pismo

pismo

poruka

poruka

mobilni telefon

mobilni telefon

mreža

mreža

aparat za kopiranje

uređaj za kopiranje

softver

softver

telefon

telefon

utičnica

utičnica

faks

faks

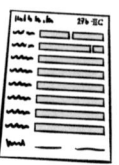

formular

formular

dokument

dokument

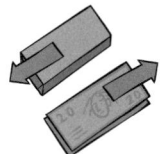

kupovati

kupovati

platiti

platiti

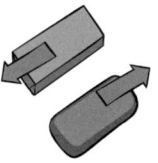

trgovati

trgovati

novac

novac

 USD

dolar

dolar

 EUR

euro

evro

 JPY

jen

jen

 RUB

rublja

rublja

 CHF

franak

švajcarski franak

 CNY

renminbi jen

renmindbi juan

 INR

rupi

rupija

bankomat

automat za novac

mjenjačnica

menjačnica

zlato

zlato

srebro

srebro

nafta

nafta

energija

energija

cijena

cena

ugovor

ugovor

porez

porez

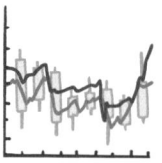

akcija

deonica

raditi

raditi

službenik

službenik

poslodavac

poslodavac

fabrika

fabrika

radnja

prodavnica

zanimanja
zanimanja

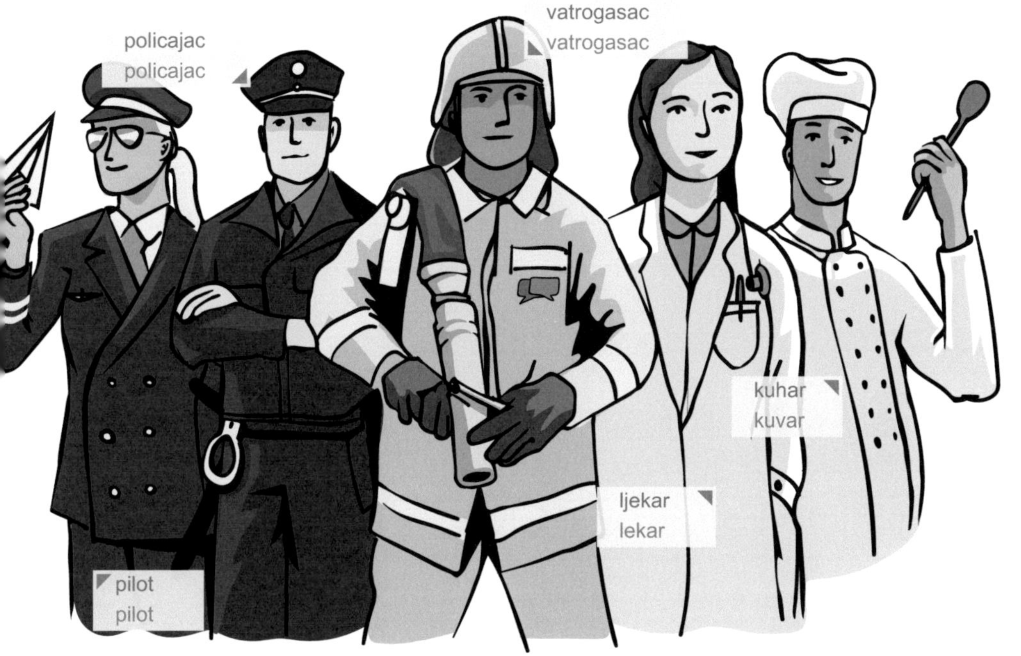
policajac
policajac
vatrogasac
vatrogasac
kuhar
kuvar
ljekar
lekar
pilot
pilot

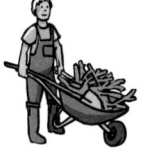

baštovan

vrtlar

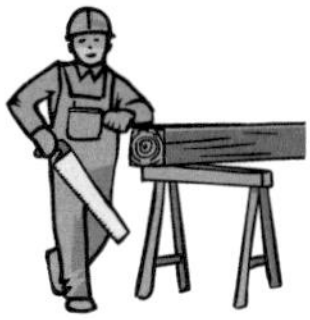

stolar

stolar

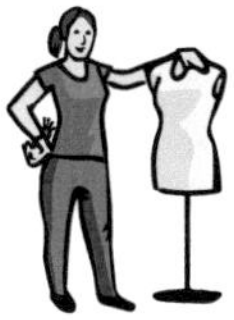

krojačica

krojačica

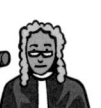

sudija

sudija

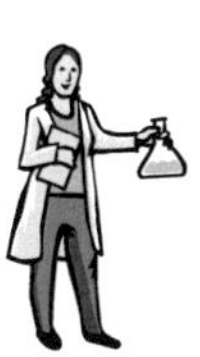

hemičar

hemičar

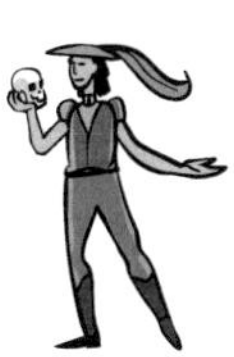

glumac

glumac

vozač autobusa

vozač autobusa

vozač taksija

vozač taksija

ribar

ribar

čistačica

čistačica

krovopokrivač

krovopokrivač

konobar

konobar

lovac

lovac

moler

slikar

pekar

pekar

električar

električar

građevinski radnik

građevinski radnik

inženjer

inženjer

koljač

mesar

limar, vodoinstalater

limar

poštar

poštar

vojnik

vojnik

arhitekta

arhitekta

blagajnik

blagajnik

cvjećar

cvećar

frizer

frizer

kontrolor

kondukter

mehaničar

mehaničar

kapiten

kapetan

zubar

zubar

naučnik

naučnik

rabin

rabi

imam

imam

monah

monah

sveštenik

svećenik

alat

alati

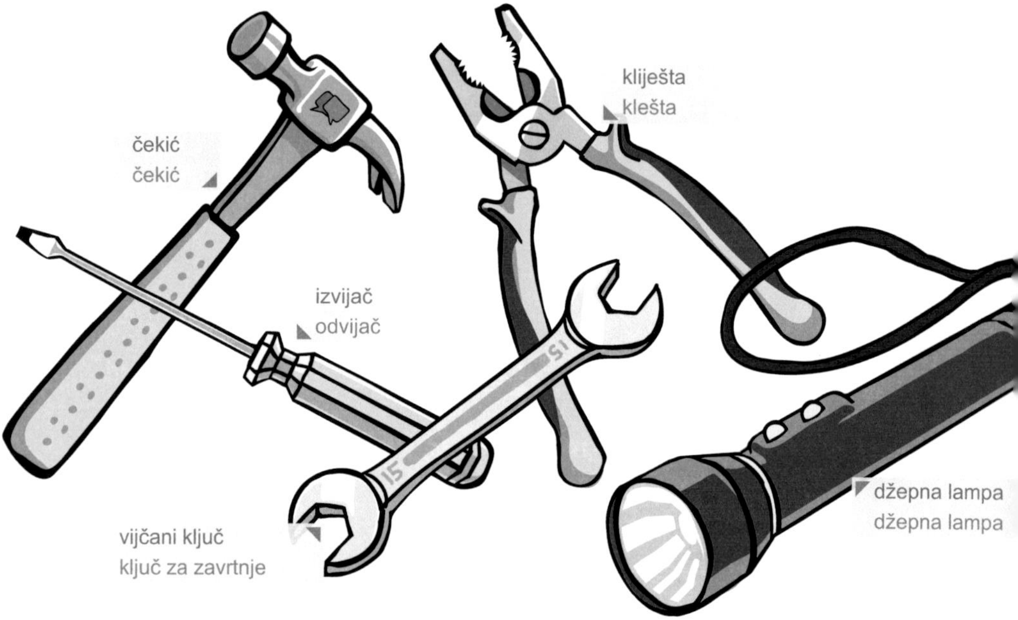

čekić
čekić
kliješta
klešta
izvijač
odvijač
vijčani ključ
ključ za zavrtnje
džepna lampa
džepna lampa

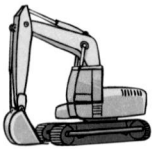

bager

bager

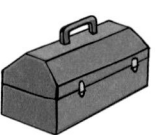

kutija sa alatom

kutija za alat

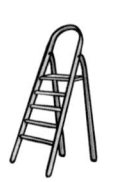

ljestve

merdevine

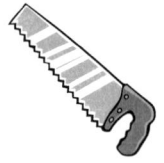

testera, pila

pila

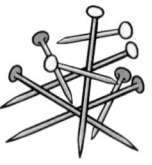

ekser

ekser

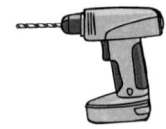

bušilica

bušilica

popraviti
popraviti

lopata
lopata

sranje!
do đavola!

lopatica
lopatica

kanta boje
lonac za boju

vijak
zavrtanji

muzički instrumenti
muzički instrument

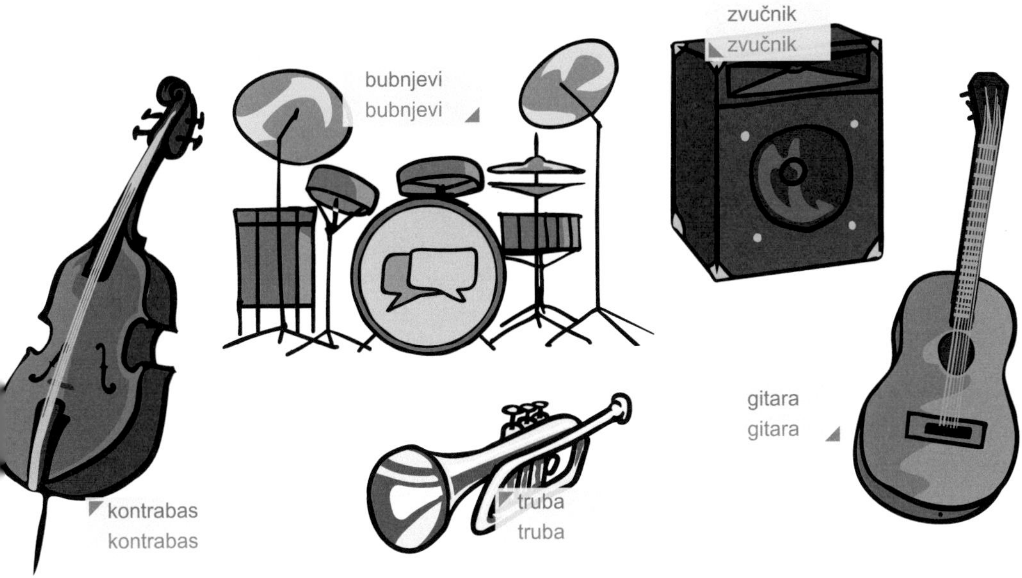

zvučnik
zvučnik

bubnjevi
bubnjevi

gitara
gitara

kontrabas
kontrabas

truba
truba

klavir

klavir

violina

violina

bas

bas

bubanj timpani

timpani

bubanj

udaraljke za bubnjeve

sintisajzer

tipke klavira

saksofon

saksofon

flauta

flauta

mikrofon

mikrofon

zološki vrt

zoološki vrt

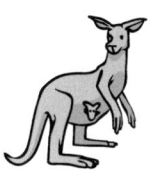

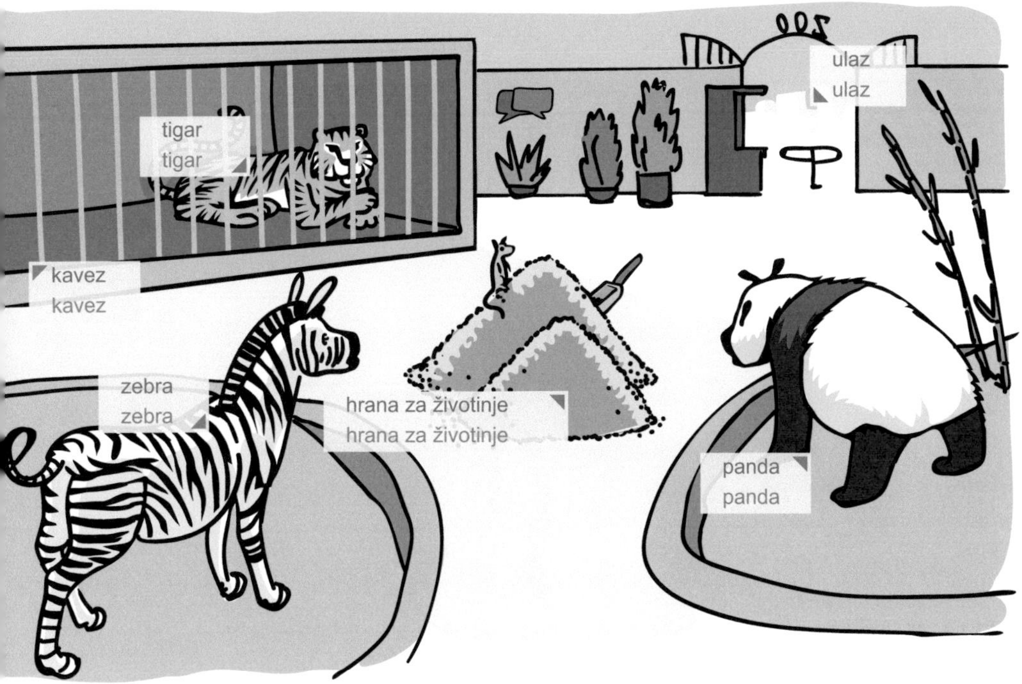
ulaz
ulaz
tigar
tigar
kavez
kavez
zebra
zebra
hrana za životinje
hrana za životinje
panda
panda

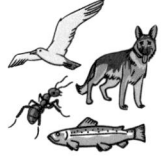

životinje

životinje

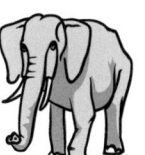

slon

slon

kengur

kengur

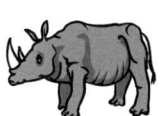

nosorog

nosorog

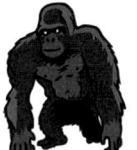

gorila

gorila

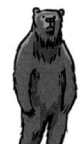

medvjed

medved

kamila

kamila

noj

noj

lav

lav

majmun

majmun

flamingo

flamingo

papagaj

papagaj

polarni medvjed

polarni medved

pingvin

pingvin

morski pas

ajkula

paun

paun

zmija

zmija

krokodil

krokodil

čuvar u zološkom vrtu

čuvar u zoološkom vrtu

tuljan

tuljan

jaguar

jaguar

poni

poni

leopard

leopard

nilski konj

nilski konj

žirafa

žirafa

orao

orao

divlja svinja

divlja svinja

riba

riba

kornjača

kornjača

morž

morž

lisica

lisica

gazela

gazela

sport
sport

američki fudbal
američki nogomet

vožnja bicikla
biciklizam

tenis
tenis

košarka
košarka

plivanje
plivanje

boks
boks

hokej na ledu
hokej na ledu

fudbal
fudbal

bedminton
badminton

laka atletika
atletika

rukomet
rukomet

skijanje
skijanje

polo
polo

skakati
skočiti

zagrliti
zagrliti

smijati se
smejati se

ići
ići

pjevati
pevati

sanjati
sanjati

moliti
moliti se

ljubiti
poljubiti

pisati
pisati

crtati
crtati

pokazati
pokazati

gurati
gurati

dati
dati

uzeti
uzeti

imati

imati

raditi

činiti

biti

biti

stajati

stojati

trčati

trčati

vući

povlačiti

baciti

baciti

pasti

padati

ležati

ležati

čekati

čekati

nositi

nositi

sjediti

sediti

obući

oblačiti

spavati

spavati

probuditi

probuditi se

pogledati

gledati

plakati

plakati

milovati

milovati

češljati

češljati

govoriti

govoriti

razumjeti

razumeti

pitati

pitati

slušati

slušati

piti

piti

jesti

jesti

pospremiti

pospremiti

voljeti

voleti

kuhati

kuhati

voziti

voziti

letjeti

leteti

jedriti

ploviti

računati

računati

čitati

čitati

učiti

učiti

raditi

raditi

vjenčavti

venčati se

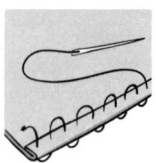

šiti

šiti

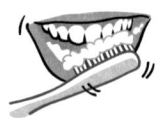

prati zube

prati zube

ubiti

ubiti

pušiti

pušiti

slati

poslati

porodica

porodica

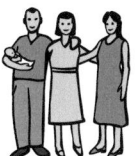

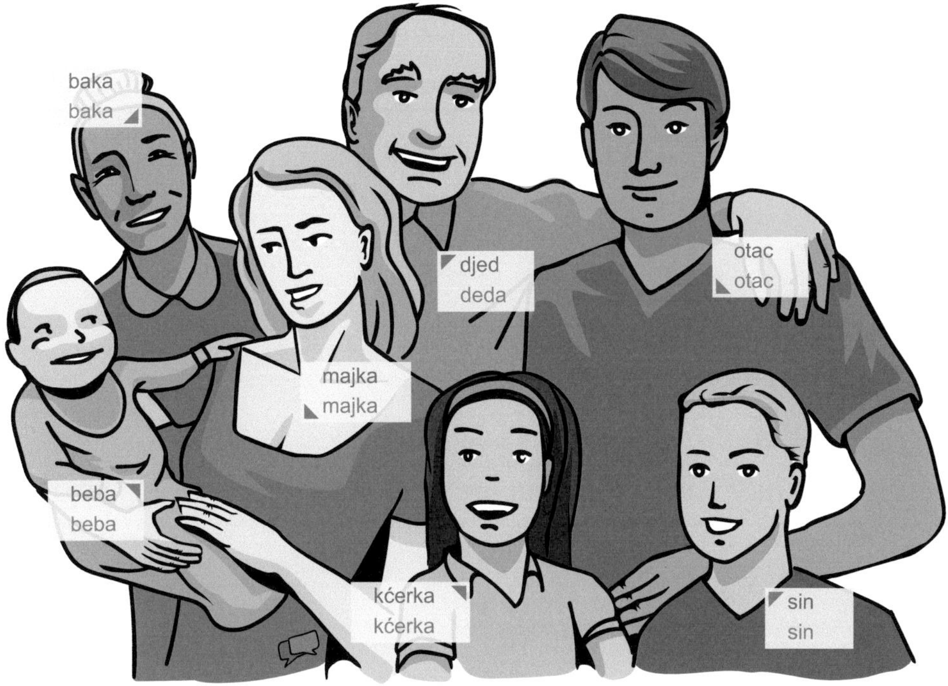
baka
baka
djed
deda
otac
otac
majka
majka
beba
beba
kćerka
kćerka
sin
sin

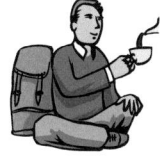

gost

gost

ujna, tetka, strina

tetka

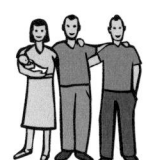

ujak, tetak, stric

ujak, stric

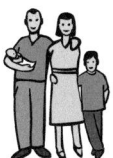

brat

brat

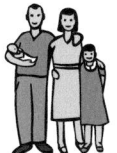

sestra

sestra

tijelo
telo

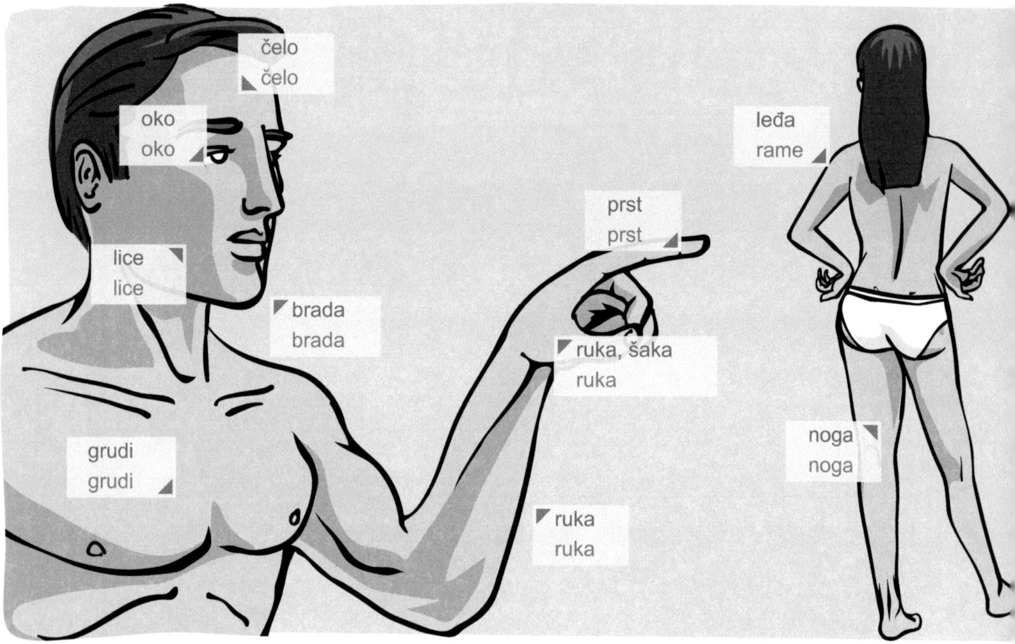

čelo
čelo

oko
oko

leđa
rame

prst
prst

lice
lice

brada
brada

ruka, šaka
ruka

grudi
grudi

noga
noga

ruka
ruka

beba
beba

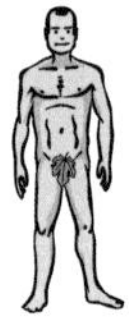

muškarac
muškarac

žena
žena

djevojčica
devojčica

dječak
dečak

glava
glava

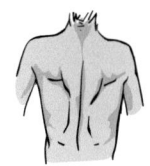

leđa

leđa

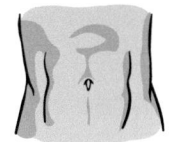

stomak

stomak

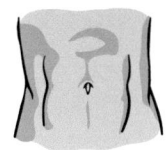

pupak

pupak

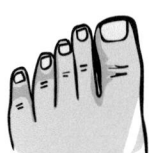

nožni prst

nožni prst

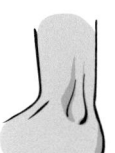

peta

peta

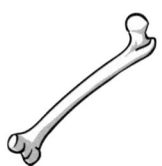

kosti

kost

kuk

kukovi

koljeno

koleno

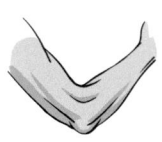

lakat

lakat

nos

nos

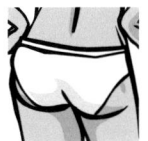

stražnjica

zadnjica

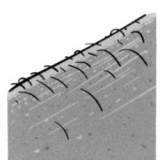

koža

koža

obraz

obraz

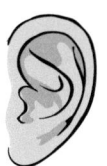

uho

uvo

usna

usna

usta

usta

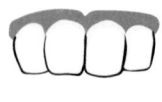

zub

zub

jezik

jezik

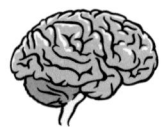

mozak

mozak

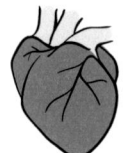

srce

srce

mišić

mišić

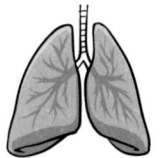

pluća

pluća

jetra

jetra

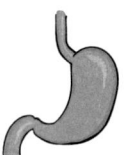

želudac

želudac

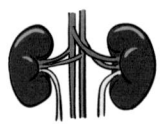

bubreg

bubrezi

spolni odnos

polni odnos

kondom

kondom

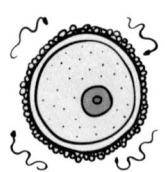

jajna ćelija

jajna ćelija

sperma

sperma

trudnoća

trudnoća

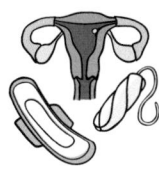

menstruacija

menstruacija

vagina

vagina

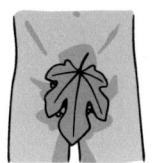

penis

penis

obrva

obrva

kosa

kosa

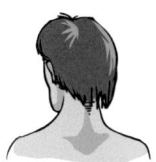

vrat

vrat

bolnica
bolnica

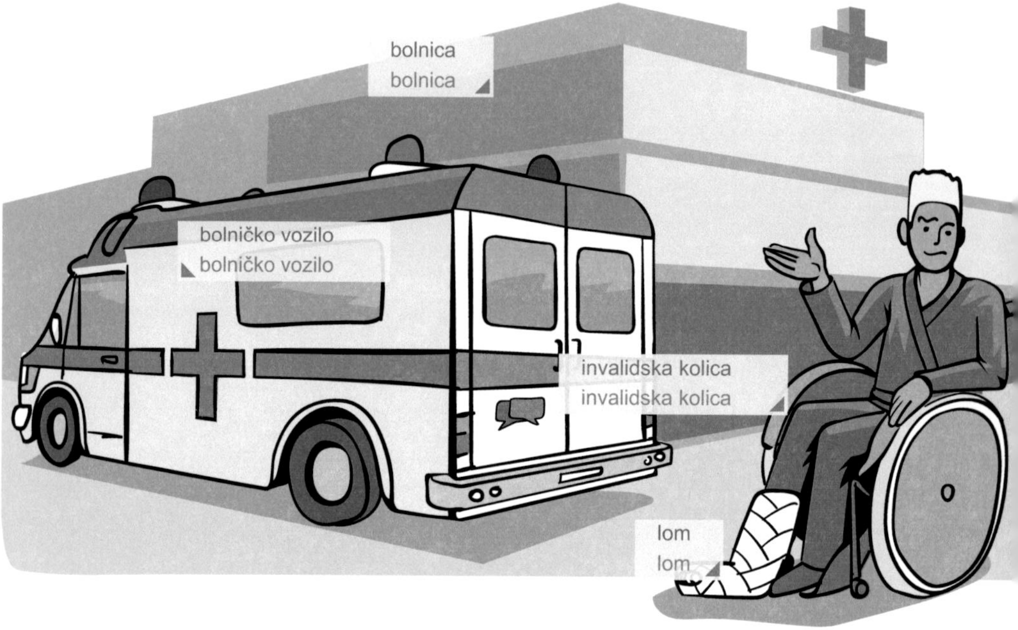

bolnica
bolnica
bolničko vozilo
bolničko vozilo
invalidska kolica
invalidska kolica
lom
lom

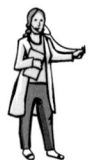

ljekar
lekar

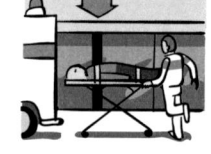

hitna služba
hitna medicinska služba

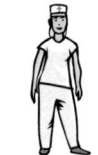

medicinska sestra
medicinska sestra

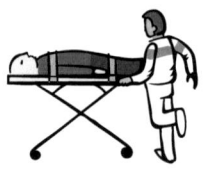

hitna pomoć
hitni slučaj

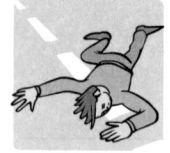

nesvjest
nesvest

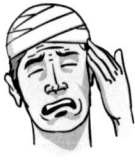

bol
bol

povreda

povreda

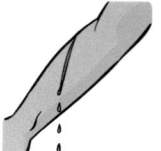

krvarenje

krvarenje

srčani udar, infarkt

srčani udar

moždani udar

udar

alergija

alergija

kašalj

kašalj

groznica

groznica

gripa

gripa

proljev

proliv

glavobolja

glavobolja

rak

rak

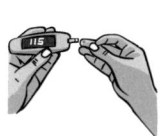

dijabetes

dijabetes

hirurg

hirurg

skalpel

skalpel

operacija

operacija

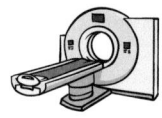

CT

ct

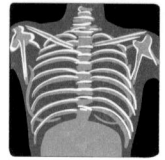

rendgen

rentgen

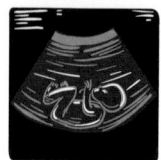

ultrazvuk

ultrazvuk

maska

maska

bolest

bolest

čekaonica

čekaona

štake

štaka

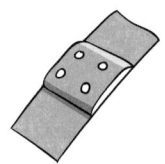

flaster

flaster

zavoj

zavoj

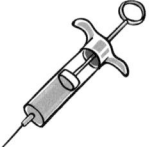

injekcija

injekcija

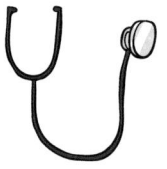

stetoskop

stetoskop

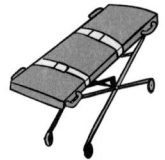

nosilo

nosila

termometar

termometar

porod

rođenje

prekomjerna težina, debljina

prekomerna težina

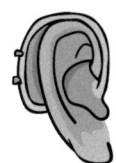

slušni aparat

slušni aparat

sredstvo za dezinfekciju

sredstvo za dezinfekciju

infekcija

infekcija

virus

virus

HIV/ AIDS

HIV / AIDS

medicina

medicina

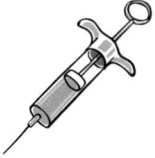

vakcinacija

vakcinacija

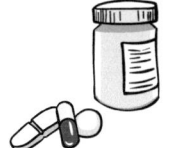

tablete

tablete

pilula

pilula

hitni poziv

hitni poziv

aparat za mjerenje pritiska

uređaj za merenje pritiska

bolestan / zdrav

bolesno / zdravo

Upomoć!

pomoć!

alarm

alarm

napad, prepad

nasrtaj

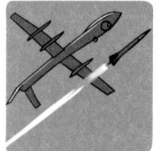

napad

napad

opasnost

opasnost

izlaz u slučaju opasnosti

izlaz u slučaju nužde

Požar!

požar!

vatrogasni aparat

protivpožarni aparat

nezgoda

nezgoda

torba prve pomoći

kutija prve pomoći

SOS

sos

policija

policija

Europa

Evropa

Sjeverna Amerika

Severna Amerika

Južna Amerika

Južna Amerika

Afrika

Afrika

Azija

Azija

Australija

Australija

Atlantik

Atlantik

Pacifik

Pacifik

Indijski okean

Indijski okean

Antarktički okean

Antarktički okean

Arktički okean

Arktički ocean

Sjeverni pol

Severni pol

Južni pol

Južni pol

Antarktik

Antarktik

Zemlja

zemlja

zemlja

zemlja

more

more

ostrvo

otok

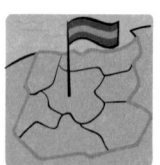

nacija

nacija

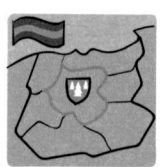

država

država

brojčanik sata

brojčanik sata

kazaljka sata

satna kazaljka

kazaljka minute

minutna kazaljka

kazaljka sekunde

sekundna kazaljka

Koliko je sati?

Koliko je sati?

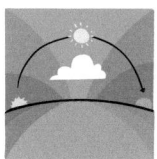

dan

dan

vrijeme

vreme

sada

sada

digitalni sat

digitalni sat

minuta

minuta

sat

čas

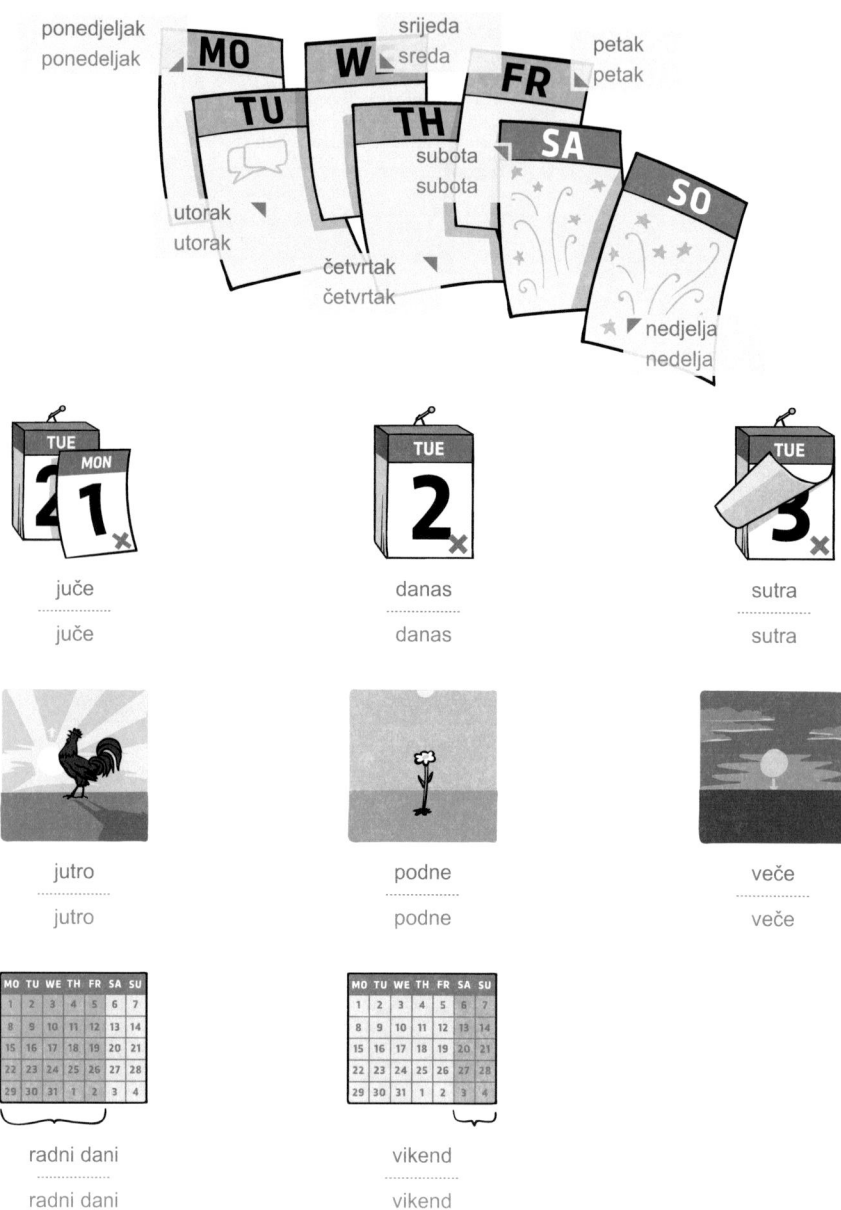

ponedjeljak
ponedeljak

srijeda
sreda

petak
petak

utorak
utorak

četvrtak
četvrtak

subota
subota

nedjelja
nedelja

juče
juče

danas
danas

sutra
sutra

jutro
jutro

podne
podne

veče
veče

radni dani
radni dani

vikend
vikend

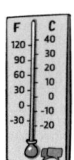

kiša
kiša

duga
duga

vjetar
vetar

snijeg
sneg

proljeće
proleće

jesen
jesen

ljeto
leto

zima
zima

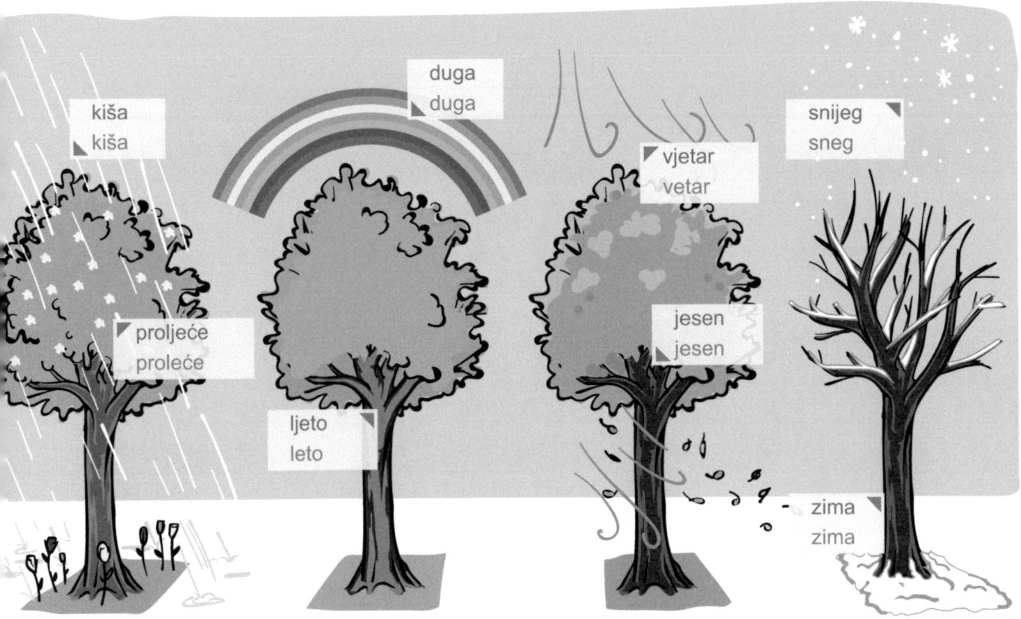

prognoza vremena

meteorološka prognoza

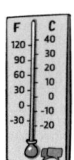

termometar

termometar

sunčev sjaj

sunčana svetlost

oblak

oblak

magla

magla

vlažnost vazduha

vlažnost vazduha

munja

munja

grom

grmljavina

oluja

oluja

tuča, led

tuča

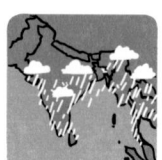

monsun

monsun

poplava

poplava

led

led

januar

januar

februar

februar

mart

mart

april

april

maj

maj

juni

juni

juli

juli

avgust

avgust

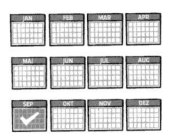

septembar

septembar

oktobar

oktobar

novembar

novembar

decembar

decembar

oblici
oblici

krug

krug

kvadrat

kvadrat

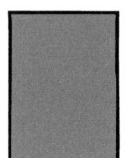

pravougao

pravougao

trougao

trougao

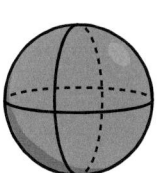

kugla

kugla

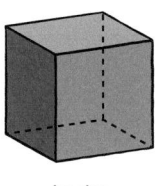

kocka

kocka

bjel

bela

žut

žuta

narandžast

narandžasta

pink

ružičasta

crven

crvena

ljubičast

ljubičasta

plav

plava

zelen

zelena

smeđ

smeđa

siv

siva

crn

crna

malo / mnogo

mnogo / malo

ljutit / miran

ljutito / mirno

lijep / ružan

lepo / ružno

početak / kraj

početak / kraj

veliki / mali

veliko / maleno

svijetlo / tamno

svetlo / tamno

brat / sestra

brat / sestra

čist / prljav

čisto / prljavo

potpun / nepotpun

potpuno / nepotpuno

dan / noć

dan / noć

mrtav / živ

mrtvo / živo

široko / usko

široko / usko

ukusno / neukusno

jestivo / nejestivo

zao / prijatan

zlo / dobro

uzbuđen / dosadan

uzbuđeno / dosadno

debeo / mršav

debelo / mršavo

najprije / najkasnije

na početku / na kraju

prijatelj / neprijatelj

prijatelj / neprijatelj

pun / prazan

puno / prazno

trvd / mekan

tvrdo / mekano

težak / lagan

teško / lagano

glad / žeđ

glad / žeđ

bolestan / zdrav

bolesno / zdravo

ilegalan / legalan

ilegalno / legalno

inteligentan / glup

pametno / glupo

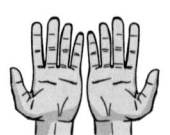

lijevo / desno

levo / desno

blizu / daleko

blizu / daleko

nov / polovan

novo / polovno

ništa / nešto

ništa / nešto

star / mlad

staro / mlado

uključeno / isključeno

uključeno / isključeno

otvoreno / zatvoreno

otvoreno / zatvoreno

tiho / glasno

tiho / glasno

bogat / siromašan

bogato / siromašno

tačno / pogrešno

tačno / pogrešno

hrapav / glatak

hrapavo / glatko

tužan / srećan

tužno / sretno

kratak / dug

kratko / dugo

spor / brz

polako / brzo

mokro / suho

mokro / suho

toplo / hladno

toplo / hladno

rat / mir

rat / mir

0

nula

nula

1

jedan

jedan

2

dva

dva

3

tri

tri

4

četiri

četiri

5

pet

pet

6

šest

šest

7

sedam

sedam

8

osam

osam

9

devet

devet

10

deset

deset

11

jedanaest

jedanaest

12

dvanaest

dvanaest

13

trinaest

trinaest

14

četrnaest

četrnaest

15

petnaest

petnaest

16

šesnaest

šestnaest

17

sedamnaest

sedamnaest

18

osamnaest

osamnaest

19

devetnaest

devetnaest

20

dvadeset

dvadeset

100

sto

stotinu

1.000

hiljada

hiljadu

1.000.000

milion

milion

engleski	američki engleski	kinesko mandarinski
engleski	američki engleski	mandarinski kineski

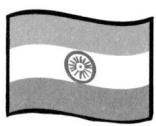

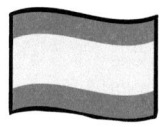

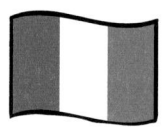

hindi	španski	francuski
hindski	španski	francuski

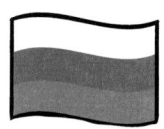

arapski	ruski	portugalski
arapski	ruski	portugalski

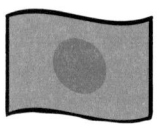

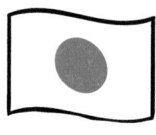

bengalski	njemački	japanski
bengalski	nemački	japanski

ja
ja

ti
ti

on / ona / ono
on / ona / ono

mi
mi

vi
vi

oni
oni

ko?
Ko?

šta?
Šta?

kako?
Kako?

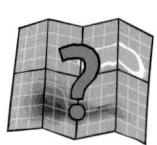

gdje?
Gde?

kada?
Kada?

ime
ime

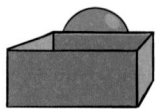

iza

iza

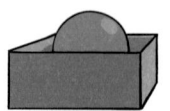

u

u

pred

ispred

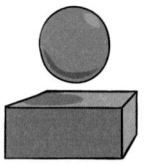

iznad

preko

na

na

ispod

ispod

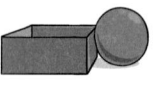

pored

pored

između

između

mjesto

mesto